Conocer y Amar el Islam

Un Libro para Niños sobre la Religión del Islam

POR THE SINCERE SEEKER KIDS COLLECTION

¿Qué es el Islam?

El Islam es obedecer y entregarse completamente a nuestro Creador, el Creador de mí y de ti, el Creador de todo este mundo y todo lo que nos rodea. Solo podemos vivir en paz y felicidad en este mundo y en el siguiente cuando nos sometemos a Dios al creer en Él y obedecer Sus mandamientos.

El Islam es una religión en la que los Musulmanes creen y adoran al Único y Verdadero Dios, Alá, quien lo sabe todo y es Todopoderoso y Amoroso. Él nos ama mucho y nosotros también debemos amarlo a Él.

El Islam es una estilo de vida completo que nos enseña cómo vivir nuestras vidas, lo que es bueno y malo para nosotros, el amor y la paz. Seguir el Islam nos hará mejores seres humanos.

El Islam nos enseña que debemos ser buenos con nuestros padres, amigos y vecinos. El Islam nos enseña que debemos ayudar a los necesitados y vivir nuestra vida de la mejor manera posible. Alá nos creó para que podamos adorarlo, y nos creó para probarnos. Si creemos en Dios y vivimos una buena vida, seremos recompensados con el Paraíso en la siguiente vida, donde viviremos allí para siempre y podremos desear lo que queramos.

¿Quién es Alá?

La palabra 'Alá' es el nombre de Dios. Él es el Único Dios. Alá nunca tuvo un comienzo y nunca nació. Alá nunca tendrá fin. Él es el Creador de los Cielos y de la Tierra, el Creador del Universo, el Creador de ti y de mí. Todo pertenece a Alá. Él es el Rey de todos los reyes. Alá no tiene padre, ni madre, ni hijo, ni hija, ni familia, ni semejante. Nada es como Alá. Nuestras mentes no pueden imaginar cómo se ve. Alá no se cansa, no descansa y no duerme.

Alá lo sabe todo. Alá observa y escucha todo. Alá es el que nos proporciona muchas comidas deliciosas, bebidas refrescantes y un hogar confortable. Él es el que nos envía la lluvia, hace brillar el sol e ilumina la hermosa luna. Él es quien nos regaló nuestras vidas, nuestros padres amorosos y nuestras familias felices. Nos regaló la capacidad de oír, sentir, saborear y ver. Dios nos regaló nuestro corazón, mente, alma, fortalezas y habilidades. Alá da y da y da.

Alá merece ser adorado y obedecido. Alá es el Más Amoroso, Más Misericordioso. Debemos acudir a Alá cuando tenemos un mal día, y debemos agradecer a Alá cuando tenemos un buen día. Debemos hablar y hacer dua y oraciones a Alá y pedirle todo porque Él es dueño de todo. Siempre está escuchando y puede escuchar todo lo que decimos y pedimos. Él conoce todos los secretos. Debemos acudir a Alá en busca de respuestas, ayuda y protección. Dios es quien nos cuida, nos protege y nos ama tanto. Cuando cometemos un error, podemos pedirle a Alá que nos perdone, y Él lo aceptará y nos perdonará. Alá está sobre nosotros, sobre los cielos, sobre su trono. Alá tiene muchos nombres. Alá tiene 99 nombres especiales. Debemos tratar de aprenderlos y memorizarlos para aprender más acerca de Él y acercarnos más a Él. Alá debería ser nuestro mejor amigo. Él nos conoce y nos ama tanto; deberíamos llegar a conocerlo y amarlo también.

¿Qué es el Sagrado Corán?

Alá nos habla y nos dice qué debemos hacer y qué no debemos hacer en Su Libro, el Sagrado Corán. La palabra Corán significa "recitación". Alá envió el Sagrado Corán con el Ángel Gabriel, quien se lo recitó al Profeta Muhammad, la paz esté con él, quien luego nos lo recitó. El Sagrado Corán se reveló en el mes sagrado del Ramadán; el noveno mes del calendario Islámico. El Sagrado Corán son las palabras exactas de Alá, palabra por palabra, letra por letra. El Sagrado Corán nunca ha cambiado. El Sagrado Corán está escrito en Árabe.

El Sagrado Corán contiene los deseos y el Mensaje de Dios para nosotros, y debemos leerlo todos los días. El Sagrado Corán es una guía sobre cómo debemos vivir nuestra vida. El Sagrado Corán nos enseña que debemos ser sinceros y nunca mentir o engañar, dar a los pobres y ser amables y justos con nuestros padres, vecinos, familiares y amigos. El Sagrado Corán nos advierte sobre el maltrato a las personas, animales y plantas. El Sagrado Corán nos enseña amor, compasión, fe y buena voluntad. Alá nos recuerda Su amor, compasión y misericordia en el Sagrado Corán. Si seguimos el Sagrado Corán, viviremos una buena vida en este mundo y seremos recompensados en el Paraíso.

El Sagrado Corán es memorizado por millones de personas de todas las edades en todo el mundo. Es el libro más leído del mundo. Alá hizo una promesa en el Sagrado Corán para facilitar la comprensión y la memorización. El Sagrado Corán está destinado a ser leído en voz alta y en un hermoso tono melodioso. El Sagrado Corán tiene 114 capítulos llamados Surah en Árabe, y cada oración o frase se llama Ayat. El Sagrado Corán es el mayor milagro de Dios y contiene cientos de milagros. Deberíamos leer el Sagrado Corán todos los días y deberíamos tratar de aprender sus poderosos significados y lecciones.

¿Quiénes son los Mensajeros y Profetas de Dios?

Dios Todopoderoso eligió a Mensajeros y Profetas para entregarnos Su Mensaje y enseñarnos lo que Él quiere y espera de nosotros. Dios nos ha enviado miles de Profetas y Mensajeros a lo largo de la historia. Cada nación en la Tierra ha recibido un Mensajero o Profeta. Todos los Mensajeros y Profetas de Dios enseñaron el mismo Mensaje de que no hay nadie digno de adoración excepto Alá, y Él es el Único, sin aliados, hijo, hija o equivalente. Todos los demás dioses son falsos y creaciones de Dios, no del Creador real. Escuchar a los Profetas y Mensajeros de Alá y obedecerlos nos llevaría a tener una relación con Alá y amarlo a Él.

Los Musulmanes creen, respetan, honran y aman a todos los Mensajeros y Profetas de Dios, comenzando con el Profeta Adán, incluyendo a Noé, Abraham, Ismael, Jacob, Moisés y el Profeta Jesús, la paz esté con todos ellos, todos los que invitaron a las personas a adorar a Dios. Dios eligió a los mejores entre nosotros para entregar Su Mensaje. Los Profetas y Mensajeros fueron los mejores en moral y modales. El último Mensajero y Profeta de Dios es el Profeta Muhammad, la paz esté con él, quien fue enviado a la última nación, nuestra nación.

¿Quiénes fueron las Naciones Pasadas y qué les sucedió?

Todos los profetas de Dios llegaron con milagros y señales para probar que Dios los envió. Solo los Profetas pueden realizar milagros. Dios proporcionó al Profeta Moisés, la paz esté con él, milagros, como el poder de convertir su vara en una serpiente y dividir el Mar Rojo. Estos milagros fueron para hacer humildes y recordar a las personas que el poder, el control y la fuerza de Dios es verdadera. El Profeta Jesús, la paz esté con él, tuvo un nacimiento milagroso sin un padre y pudo curar a los enfermos de lepra, curar a los ciegos y resucitar a los muertos, todo con el permiso y la voluntad de Dios. El último Profeta de Dios, Mahoma, la paz esté con él, recibió un milagro que todos podemos ver y escuchar ahora, el Sagrado Corán, que contiene cientos de milagros.

El Sagrado Corán habla de historias de naciones pasadas, donde los Mensajeros y el Profeta fueron enviados para entregar el Mensaje de Dios, pero la gente rechazó, desobedeció y negó el Mensaje de Dios. Dios envió al Profeta Noé, la paz esté con él, a su pueblo, donde predicó el Mensaje de Alá durante 950 años, llamando a la gente a adorar al Único Dios y seguir sus mandamientos, pero solo unas pocas personas creyeron en él. Su pueblo lo negó y se burló de él. Después de la negación, Dios le ordenó al Profeta Noé que construyera un barco. Su gente pensó que estaba loco por construir un barco en tierra donde no había agua cerca.

Pronto, el agua comenzó a salir desde la Tierra y del cielo. Dios le ordenó al Profeta Noé que entrara al barco con los que creían en Su Mensaje. También le pidió al Profeta Noé que llevara un macho y una hembra de cada animal. Entonces Dios provocó una gran inundación, donde el agua salió desde cada grieta de la Tierra y la lluvia cayó del cielo como nunca antes había pasado. El diluvio arrasó con los malvados.

¿Quién es el Profeta Muhammad?

Antes del Profeta Muhammad, la paz esté con él, los Profetas solo se enviaban a personas específicas en lugares y períodos específicos. Sin embargo, el Profeta Muhammad es el último Profeta, que está destinado a toda la humanidad hasta el fin de los tiempos. El Profeta Muhammad, la paz esté con él, nació en La Meca, en la Península Arábiga. La gente de La Meca era devota, adoradores de ídolos, y el área y el período en ese momento estaba lleno de ignorancia y necedad. A la edad de cuarenta años, el Profeta Muhammad recibió su primera Revelación en una cueva de Dios a través del Ángel Gabriel. Luego pasó el resto de su vida explicando y viviendo las enseñanzas del Sagrado Corán y el Islam, la religión que Dios le reveló.

Aunque en su comunidad era conocido como *"el veraz, de confianza"*, la mayoría de su gente no le creyó ni a él ni a su Mensaje. Poco después, las personas que creyeron en el Mensaje fueron tratadas mal por las personas que no creyeron el Mensaje de Dios. Profeta Muhammad, la paz esté con él, difundió el Mensaje de Dios en la ciudad de La Meca durante trece años. Luego, el Profeta Muhammad y los creyentes emigraron a la ciudad de Medina, donde obtuvo muchos más seguidores, convirtiéndolo en el líder de la ciudad.

Los incrédulos de La Meca planearon e intentaron atacar al Islam y a los Musulmanes, pero lo que originalmente era un pequeño grupo de Musulmanes creció y pudieron sobrevivir al ataque de los incrédulos. Diez años después, el Profeta dirigió un ejército de regreso a La Meca y conquistó La Meca. Más tarde, el Islam se extendió por todo el mundo. El Profeta Muhammad murió en 632. Dios declara en el Corán que Él no envió al Profeta Muhammad, la paz esté con él, excepto como una misericordia para nosotros.

El Profeta Muhammad, la paz esté con él, fue enviado para guiarnos y llevarnos a Alá. El Profeta Muhammad, la paz esté con él, entendió el Sagrado Corán. Amaba el Sagrado Corán y vivió su vida basándose en sus enseñanzas. Él es el mejor modelo a seguir. Él es el que tiene virtudes y características sobresalientes. Fue el mejor esposo, padre, abuelo, líder, maestro, juez y estadista. Predicó justicia, equidad, paz y amor.

Los musulmanes intentan imitar y seguir la Fe, el comportamiento, la actitud, la paciencia, la compasión y la rectitud del Profeta Muhammad. El acto de imitar al Profeta se llama '*Sunnah*'. Tratamos de imitar la forma en que el Profeta comía, bebía, la posición en la que dormía y la forma en que se comportaba e interactuaba con los demás.

¿Qué es Musulmán?

La palabra *'Musulmán'* significa alguien que se somete a la voluntad y las leyes de Alá. El Mensaje del Islam siempre ha estado destinado a todas las personas. Cualquiera que acepte este Mensaje se convierte en Musulmán. Una de cada cuatro personas en esta Tierra es Musulmana. Hay 1,800 millones de Musulmanes en este mundo, lo que representa aproximadamente el 24% de la población mundial. Solo el 18% de los musulmanes son Árabes. Muchos Musulmanes viven en Europa, en el Sudeste Asiático y Occidente. El Islam no se limita a una etnia o grupo de personas. Los Musulmanes son personas de una amplia variedad de orígenes étnicos, razas, culturas y orígenes nacionales.

En el Islam, adorar a Dios incluye todo acto, creencia o declaración que Dios aprueba y ama. Cualquier cosa que acerque a una persona a Alá es un acto de adoración. Adorar a Alá incluye las oraciones diarias, el ayuno, la caridad e incluso creer en los Ángeles, los Libros de Dios y sus Profetas. Adorar a Dios también incluye amar a Dios, estar agradecido con Él y confiar en Él.

¿Cuál es el Propósito de nuestra vida?

No podemos conocer el propósito de nuestra vida a menos que Dios nos guíe. Debemos pedirle orientación a nuestro Creador, para que nos muestre el Camino Correcto y nos enseñe por qué fuimos creados. Dios nos guía a través de Su Libro, el Sagrado Corán y las oraciones. Nuestro objetivo es llegar a ser un creyente en Él y un buen siervo de Él, obedeciéndole y siendo buenos. Aquellos que pasen esta prueba entrarán al Paraíso para siempre. El propósito de nuestra vida es encontrar a Alá, construir una relación con Él y hacer todo lo posible por obedecer Sus Mandamientos y ser la mejor persona que podamos ser. La vida en este mundo también es una prueba para nosotros. Dios nos está probando a todos. Si vivimos una buena vida como Musulmanes, pasamos la prueba.

¿Qué es Hadith y Sunnah?

El Sagrado Corán es la fuente principal del Islam y la Palabra de Dios. El Sagrado Corán es el único Libro del mundo que contiene la palabra exacta y pura de Dios. Hadith es la segunda fuente del Islam. A diferencia del Corán, las declaraciones conocidas como Hadith fueron preservadas por humanos y no directamente por Dios.

Mientras el Profeta Muhammad, la paz esté con él, practicaba y predicaba las enseñanzas del Islam y el Sagrado Corán a sus compañeros; ellos informaban y registraban las declaraciones, acciones y creencias del Profeta. Los compañeros del Profeta Muhammad, la paz esté con él, las reunieron, y más tarde, los eruditos que se especializaron en Hadith recopilaron estos informes, y fueron llamados Hadith.

Hadith se refiere a una narración o informe que el Profeta Muhammad, la paz esté con él, dijo, hizo o aprobó. Hadith también puede referirse a la reacción o el silencio del Profeta en respuesta a algo dicho o hecho por otros.

Los actos y prácticas del Profeta se llaman Sunnah. El Profeta Muhammad es el modelo sagrado que debemos imitar y seguir, ya que Dios nos envió un ejemplo de cómo debemos vivir nuestra vida.

¿Cuáles son los Seis Artículos de la Fe?

Para convertirse en Musulmán, cada seguidor debe creer en los Seis Artículos de la Fe (que se traduce como la palabra Iman en Árabe). Estos seis artículos de la fe forman la base del sistema de creencias Islámicas. Los Seis Artículos de la Fe son:

Creencia en la Singularidad de Alá
Creencia en los ángeles de Alá
Creencia en los Profetas y Mensajeros de Alá
Creencia en los Libros de Alá
Creencia en el Último Día, el Día de la Resurrección y el Día del Juicio
Creencia en el Designio Divina

Singularidad de Dios

El primer y más importante Artículo de Fe en el Islam es la creencia en la Singularidad de Dios. La fe comienza con la creencia en Alá, el Glorioso, de la cual surgen todas las demás facetas de la fe. Un Musulmán cree y reconoce que nadie es digno de su adoración, amor, lealtad, sacrificio, esperanza y temor, excepto Alá, nuestro Creador. A Dios no le gusta cuando la gente adora a otros dioses además de Él porque todos los demás dioses son falsos. Dios es el Único a quien se le debe adorar.

¿Cuáles son los Cinco Pilares del Islam?

La religión del Islam está basada en Cinco Pilares o Fundamentos Principales. Estos Cinco Pilares o deberes religiosos son obligatorios, y todo Musulmán debe seguirlos y practicarlos lo mejor posible. Los Cinco Pilares se mencionan individualmente en el Sagrado Corán y a través de las narraciones del Profeta Muhammad, la paz esté con él, que se conocen como Hadith. Los Cinco Pilares del Islam son:

Testimonio de Fe en la Singularidad de Dios (Alá) y el último Profeta, Mahoma, la paz esté con él
Establecimiento de las Cinco Oraciones Obligatorias
Preocupación y donación a los necesitados (Zakat en Árabe)
Ayuno durante el mes de Ramadán (Auto purificación)
La peregrinación a la Meca (al menos una vez en la vida para aquellos que puedan realizarla y pagarla)

Los Musulmanes se toman seriamente estos cinco pilares y los priorizan sobre otras cosas de la vida.

¿Qué es Jannah (Paraíso)?

Jannah se traduce como *"Jardín Verde"*. Jannah o el Paraíso se encuentra en el Séptimo Cielo. Todos los Musulmanes deben creer en Jannah (Paraíso). Jannah es el lugar hermoso, relajante, pacífico y divertido en el que los Musulmanes, que creen en Dios y viven una buena vida, vivirán para siempre. Lo que sea que alguien desee, en Jannah lo obtendrán. La gente de Jannah solo verá cosas buenas y escuchará hermosos sonidos. La gente de Jannah estará con otras personas buenas y se reunirá con los miembros justos de su familia. No hay tristeza, dolor, preocupaciones, aburrimiento, ira, odio, celos, enfermedad o miedo en Jannah.

Jannah es tan grande y hermoso que nuestras mentes no pueden imaginar cómo es. El Paraíso tiene siete niveles y cada nivel tiene muchas etapas, niveles y categorías. Cada nivel en el Paraíso tiene mayores alegrías y placeres y es más asombroso que el nivel debajo. El Paraíso tiene ocho puertas. El nivel más alto del Paraíso se llama *Jannat Ul-Firdous*.

El Paraíso tendrá muchas mansiones hechas de oro y plata. Tendrá muchas habitaciones dentro de estos palacios con cascadas. El suelo de Jannah está hecho de almizcle blanco puro, y las piedras son de perlas, rubíes, diamantes y joyas. La gente de Jannah descansará en sus lujosos sofás altos y suaves y camas con portavasos y suaves mantas. Los habitantes del Paraíso comerán y beberán lo que deseen. Si uno ve un pájaro y desea comerlo; caería asado entre sus manos. Se les servirán copas de brillantes rubíes, perlas y diamantes. Las frutas colgarán libremente de los árboles y caerán automáticamente para que las disfruten. La ropa de Jannah nunca se desgastará ni envejecerá.

Nada será más preciado y placentero que el mejor regalo en el Paraíso, que es ver el rostro de Alá, el Glorioso. Este será el regalo más preciado para las personas que vivieron una buena vida. Debemos hacer nuestro mejor esfuerzo para vivir una buena vida, para que podamos llegar al Paraíso con nuestras familias y vivir felices para siempre.

Fin.

www.ingramcontent.com/pod-product-compliance
Lightning Source LLC
Chambersburg PA
CBHW061107070526
44579CB00011B/166